D0577475

ALBERT PUJOLS

¡A LA CUMBRE!

Pujols y Los Cardenales ganan la Serie Mundial. Pujols firma contrato por 254 millones de dólares (US) con Los Angelinos de Los Ángeles.

2011

Pujols gana su segundo premio MVP de la Liga Nacional.

2008

Pujols y Los Cardenales ganan la Serie Mundial contra Los Tigres de Detroit.

2006

Pujols es nombrado Jugador Mas Valioso (MVP) de la Liga Nacional.

2005

Debuta en las Ligas Mayores, jugando para Los Cardenales.

2001

Pujols es descubierto por Los Cardenales de San Luis mientras jugaba béisbol a la Universidad Comunitaria de Maple Woods.

1999

Se muda a Estados Unidos, donde juega béisbol en la Secundaria Fort Osage de Missouri.

1996

Albert Pujols nació en Santo Domingo en la República Dominicana.

Mason Crest
370 Reed Road
Broomall, Pennsylvania 19008
www.masoncrest.com

Impreso y encuadernado en Estados Unidos de América

Primera Impresión
9 8 7 6 5 4 3 2 1

Library of Congress Cataloging-in-Publication Data

Rodríguez Gonzalez, Tania.
[Albert Pujols Spanish]
Albert Pujols / by Tania Rodriguez.
p. cm.
Includes bibliographical references and index.
ISBN 978-1-4222-2623-0 (hardcopy : alk. paper) – ISBN 978-1-4222-2617-9 (series hardcopy : alk. paper) – ISBN 978-1-4222-9114-6 (ebook : alk. paper)
1. Pujols, Albert, 1980–-Juvenile literature. 2. Baseball players–Dominican Republic–Biography–Juvenile literature. I. Title.
GV865.P85R6313 2012
796.357092–dc23
[B]

2012024275

Harding House Publishing Services, Inc.
www.hardinghousepages.com

RECONOCIMIENTOS GRÁFICOS:
Amado, Rafael: p. 18
Chernobrivets, Pavel: p. 7
Creative Commons: pp. 2, 17, 26
Dirk, SD: pp. 20, 27
Pujols Family Foundation: pp. 28
Torres, Leoraúl: p. 19
UC International: pp. 1, 4–5, 8, 10, 14, 23
The White House: p. 22
World of Beauty: p. 6

ALBERT PUJOLS

Capítulo 1

Sus Inicios

José Alberto Pujols nació el 16 de enero de 1980 en Santo Domingo en la República Dominicana. Sus padres no estuvieron siempre al lado de él cuando era pequeño, pero su padre—Bienvenido—le enseñó a amar el béisbol, habiendo sido lanzador en las **Ligas Menores** de Quisqueya.

Cuando Albert era muy joven, sus padres se divorciaron, y su abuela—América—cuidó de él la mayor parte de su vida; pero también pasó mucho tiempo al lado de sus tías y tíos. La familia era muy pobre. Aunque la situación era a veces muy difícil, Albert tuvo una infancia feliz. Su abuela siempre fue amorosa con él, y le enseñó a tener esperanza en tiempos mejores. Compartía su fe en Dios con su nieto, y hasta el día de hoy, la religión es muy importante para él.

Albert no fue muy cercano a su padre, pero aún así quería jugar como Bienvenido Pujols quien fuera famoso en la isla y a quien Albert deseaba imitar. A medida que crecía, el joven jugaba béisbol todos los días, soñando con las **Ligas Mayores** y admirando beisbolistas

CASA
BERTILIA

Como muchos chicos creciendo en la República Dominicana hoy, Albert aprendió a amar el béisbol cuando él era todavía joven.

Es un largo camino de la pequeña isla de la República Dominicana a la gran ciudad de Nueva York.

como Julio Franco. Lo que Pujols más deseaba en el mundo era jugar béisbol.

Traslado a los Estados Unidos

En 1990, algunos de los familiares de Albert empezaron a emigrar a la Ciudad de New York y a sus 16, él también viajó alla con sus padres. Dejaba la isla, pero nunca olvidaría su tierra natal.

New York no era lo que la familia esperaba. Era difícil vivir en una ciudad tan costosa. La ciudad podía ser muy cruel—¡una vez asesinaron a un hombre en frente a Albert!—y su abuelita decidió que ese no era lugar para él. La familia buscaría otra ciudad para vivir, de manera que la familia se mudó para Independencia en Missouri.

Poco después, Albert vio jugar a Los Royales de Kansas City enfrentarse con Los Ángeles de California en lo que sería el primer juego que vería de las Ligas Mayores. ¡Era un sueño hecho realidad!

Albert no hablaba inglés todavía, pero eso no le impidió acoplarse a la nueva ciudad y entró a clases en la Secundaria de Fort Osage. En verano jugaba béisbol, como lo que le ayudó a hacer amigos. Era alto y fuerte, y muy buen bateador; los otros chicos estaban felices de tenerlo en su equipo.

Empezó a estudiar inglés con una mujer llamada Portia Stanke; aprendió rápidamente, y ahora podría hacer amigos con más facilidad. ¡Muy pronto era el típico adolescente americano!

Pero su corazón seguía siendo dominicano y tenía sus propios motivos para estudiar inglés con tanto empeño: Albert sabía que el inglés le sería útil para convertirse en beisbolista de las Grandes Ligas.

El béisbol era su pasión. Lo jugaba todo el tiempo y hacía ejercicio para asegurarse de estar en forma; siempre quería practicar más y más. ¡Quería lograr lo mejor de si mismo!

Cuando se unió al equipo de béisbol de Fort Osage, estaba emocionado de ser parte del equipo; usaba el uniforme de su equipo orgullosamente en la escuela cuando había partido. El primer año lograron 11 jonrones. Su entrenador David Fry no tuvo mejor jugador en el equipo; Albert trabajaba más fuerte que ningún otro.

El siguiente año, los equipos que enfrentaban Fort Osage sabían que no debían permitir que Albert Pujols bateara—¡su brazo era sencillamente demasiado poderoso! Hizo muchos jonrones, y llevó a muchos jugadores al home, así que sus contrarios trataban de hacerlo cansar al máximo. Sin embargo,

En Kansas City Albert jugaba al béisbol, pero él no se olvidó de Deirdre.

logró 55 carreras ese año y 8 jonrones. Fort Osage ganó el campeonato estatal, gracias a Albert.

A punto de graduarse de bachiller, los caza talentos empezaron a notar lo especial del joven jugador que trabajara duro, apremiándole a entrar temprano a la universidad de manera que se acercara más a las Ligas Mayores. La idea tenía mucho sentido para él. Albert trabajaba aun más fuerte ahora.

Persiguiendo un Sueño

Albert tomo un descanso de sus estudios para jugar con otro equipo en el ***Juego de Las Estrellas*** en Kansas. Marty Kilgore también vino al juego; este era entrenador en la Universidad Comunitaria de Maple Woods cerca a la ciudad de Kansas. Estaba sorprendido por la forma de jugar del beisbolista, catalogándolo como un jugador fuerte—pero también muy inteligente. Kilgore lo convenció de venir a jugar en Maple Woods en 1999.

Antes de regresar, Albert conoció una chica llamada Deirdre en un club de salsa. "Albert nunca frecuentaba esos clubes," afirmó Deirdre. "No bebía . . . era rarísimo que hubiera ido esa noche." Afirmó que conocer a Albert "era su destino."

Ella era unos años mayor que Albert y muy bonita. Él tenía solamente 18 años, pero se había puesto más años al conocerla. La invitó a salir y en su primera cita, ambos se dijeron sus secretos: Pujols admitió que tenía sólo 18 años, y Deirdre le contó que tenía una hija—Isabella—quien tenía síndrome de Down.

Albert se apegó a Deirdre e Isabella y aunque tenía en mente que debía irse, él y Deirdre decidieron continuar con su relación. De alguna forma lo harían funcionar, así estuvieran separados.

Albert estaba listo para ir a la universidad. Sabía que era su puerta hacia las Ligas Mayores. ¡Podía vislumbrar el camino que lo llevaría a sus sueños!

Capítulo 2

Hacía al Éxito

Cuando Albert llegó a Maple Woods en 1999, decidió invertir su tiempo dándose a conocer como un gran jugador beisbolista. Quería llegar a las Mayores lo antes posible; tenía el proyecto 2000 en la mira.

Albert Pujols está al bate.

Abrió como campo corto para los Maple Woods, logrando 22 jonrones en esa temporada con 80 ***carreras impulsadas***. Tal como en secundaria, los lanzadores hacían lo posible por evadirlo. También los equipos de las Mayores empezaron a notarlo; sabían que era un excelente prospecto.

Albert y Los Cardenales de San Luis

Los Cardenales de San Luis habían visto a Albert jugar en Maple Woods. El equipo estaba muy interesado en él y lo seleccionaron en la ronda 13 del proyecto. Pero Pujols pensaba que lo debieron haber elegido antes y rechazó la oferta de San Luis. En su lugar, el beisbolista jugó para un equipo llamado Hays Larks. Los Larks jugaron en la Liga Jayhawk, la cual era pequeña y dispuesta solo para jugadores en edad universitaria.

Albert se tuvo que mudar a cuatro horas de distancia de Deirdre e Isabella (quienes se quedaron cerca a la Ciudad de Kansas). Era difícil estar lejos de ellas dos y se aseguraba de llamarlas con la frecuencia posible. Mientras tanto, jugó con los Larks todo un verano, manteniéndose como el mejor jugador.

San Luis notaba como Pujols era cada vez mejor y lo enviaron a Arizona para prepararse con los entrenadores de los Cardenales; también empezó a aprender como jugar tercera base. San Luis lo tuvo en mente para remplazar a Fernando Tatis en la tercera.

Finalmente, después del entrenamiento en Arizona, regresó a casa con Deirdre e Isabella. Él y Deirdre se casaron el 1 de enero del 2000; los recién casados se mudaron a Peoria, Illinois. Albert estaba jugando para Los Jefes de Peoria, un equipo de Liga Menor.

Pujols en Peoria

En Peoria, Albert jugaba tercera base todo el tiempo; era bueno en tercera base y le gustaba la nueva posición. Terminó la temporada de segundo en la liga por su buen trabajo en el bate y recibió el MVP (Jugador Más Valioso); él sabía que el reconocimiento le ayudaría a acercarse más a su sueño de jugar en las Grandes Ligas. Los managers de San Luis notaron su talento y querían promoverlo de las Menores a las Mayores más rápidamente.

Pujols fue enviado a jugar con los Cañones del Potomac, un equipo "AA." Jugó bien para ellos, y luego se mudó a Los Pájaros Rojos de Memphis, quienes eran "AAA," e iban camino a los juegos de invierno de la Liga de La Costa Pacífica.

Sólo jugó 7 veces antes de los juegos de invierno, pero tuvo 2 jonrones en ese tiempo; y en la primera ronda, Los Pájaros Rojos vencieron a los Duques de

Albert con Deirdre.

Albuquerque. Luego vencieron a los Buzz de Salt Lake, convirtiéndose en los campeones de la Liga de la Costa Pacifica. Al final de la temporada, nombraron a Albert MVP otra vez.

Después de la temporada, Albert y Deirdre se mudaron con los padres de ella para ahorrar dinero y él empezó a trabajar en el Country Club como organizador de eventos. Poco tiempo después tuvieron su primer hijo juntos Albert Jr.—AJ.

El dominicano había estado jugando muy bien en las Ligas Menores. San Luis mantuvo los ojos puestos en él, sabiendo que era grandioso, así que pronto estarían listos para contratarlo. Pujols estaba muy cerca de lograr su sueño.

Capítulo 3

EN LAS LIGAS MAYORES

Albert empezó el 2001 pensando que estaría en Memphis un año más, pero San Luis tenía otros planes. El equipo había negociado su tercera base Tatis con Los Expos de Montreal. Polanco (otro jugador dominicano) y Craig Paquette cubrirían tercera base hasta que Albert pudiera llenar la posición.

Albert Pujols en base con Manny Ramírez.

Finalmente se unió a Los Cardenales y recibió entrenamiento de primavera; estaba listo para mostrar a Los Cardenales que tan bueno se había vuelto e hizo gala de sus movimientos. Trabajó fuerte para mostrar su capacidad a sus compañeros y entrenadores.

Pujols empezó a jugar primer base y jardín externo; departió con los entrenadores sobre como ser un mejor jugador y le pidió ideas a los lanzadores de San Luis para batear picheos particulares. Mientras se divertía, aprendía mucho más.

El manager de Los Cardenales, Tony La Russa, se dio cuenta que Albert era un gran jugador, solo que no estaba seguro si habría espacio en la nómina principal para él. Pero entonces Bobby Bonilla se lesionó durante un entrenamiento, así que La Russa podría anotar Albert a la titular.

Su Primera Temporada

Inició con Los Cardenales como ***novato***, abriendo como campo izquierdo contra Los Rockies. En su primer juego de Liga Mayor, Albert logró un hit en 3 turnos al bate; en los siguientes 3 juegos, bateó un jonrón, 3 dobles y tuvo 8 carreras impulsadas. ¡La Russa supo que haberlo incluido había sido una estupenda idea!

Pujols continuó teniendo una gran temporada, bateando 8 jonrones en su primer mes. Con solo 21 años de edad, ya era parte importante del equipo. Su habilidad con el bate era increíble; fue uno de los bateadores más importantes de San Luis en su año como novato. De hecho fue reconocido Novato del Mes durante sus dos primeros meses de juego.

En el verano, Albert fue el primer novato de San Luis—en aproximadamente 50 años—en ir al Juego de Las Estrellas. Estaba jugando tan bien ese año que su nombre fue inscrito a la nómina del juego a último minuto.

Después del Juego de Las Estrellas, Albert mantuvó un desempeño impresionante; jugó campo izquierdo, campo derecho, primer y tercer base. Él y Los Cardenales lo hacían muy bien juntos; el equipo incluso pudo ganar en su división. Para final de la temporada, San Luis y Los Astros de Houston estaban empatados, elegirían por suertes al equipo que iría a los Juegos de Invierno. . . .

San Luis fue el afortunado. ¡Pujols y su equipo irían a la Serie de ***Divisiones***!

Esta vez la Liga Nacional lo nombraría Novato del Año; también ganó el premio NL Tres Coronas. Había jugado 161 partidos, y tenía el ***promedio de bateo*** más alto que cualquier jugador en su equipo y anotado 37 jonrones. Era uno de los mejores jugadores de San Luis—y uno de los beisbolistas novatos más jóvenes.

En la Serie de División, Los Cardenales enfrentaron a los Espalda de Diamante de Arizona, quienes ganaron cinco partidos. Pujols no jugó tan bien como hubiera querido. Estaba triste porque su equipo no había logrado ganar la series—pero al mismo tiempo, estaba listo para intentarlo de nuevo el año siguiente.

A pesar de no ser los campeones de su división, Albert y Los Cardenales tuvieron una excelente temporada. Cualquier jugador habría querido hacerlo así de bien—¡y era apenas su primera temporada en las Grandes Ligas!

Albert se Convierte en una Estrella

Después de su primera temporada, empieza a entrenar nuevamente. Se levantaba temprano a hacer ejercicios y practicaba bateo todas las mañanas. ¡No le temía al trabajo duro!

San Luis perdió a uno de sus mejores jugadores cuando se fue Mark McGwire, pero algunos nuevos beisbolistas entraron—y ahora Albert y Los Cardenales estaban listos para su próxima temporada. Querían otra oportunidad para lograr el éxito . . . ¡ya antes habían estado tan cerca!

Sin embargo, al comienzo de la temporada, Pujols no estaba jugando tan bien como antes. Algunas personas incluso llegaron a pensar que no era tan bueno como sus admiradores habían creído. Pero él no dejó que este mal comienzo lo afectara, sino que se enfocó en hacer las cosas bien. Empezó a mejorar su posición defensiva y pronto estaba bateando mejor también.

Para finales de la temporada regular, Los Cardenales estaban de primeros en la División Central. El juego de Pujols había ayudado mucho al equipo en esa temporada. A pesar de un mal comienzo, estaba bastante fuerte al final y se había convertido en uno de los mejores bateadores de la pelota caliente.

San Luis enfrentó a Los Espalda de Diamante nuevamente en la Serie de Divisiones; Los Cardenales ganaron en tres partidos y Alberto jugó bien. ¡Su equipo le ganó a quienes les alejaran del Campeonato de la Serie de la Liga Nacional el año anterior!

En la Serie del Campeonato, San Luis enfrento a Los Gigantes de San Francisco, pero no les fue también como con Los Espalda de Diamante. Pujols anotó un jonrón en el primer partido, pero su equipo perdió de todas formas.

A pesar de haber perdido, los fans tenían la mirada en Albert y hablaban de verlo anotar contra Barry Bonds: dos de los mejores bateadores se enfrentaban. Los programas deportivos en la televisión hablaban del tema, la gente

Albert Pujols corriendo a la tercera base en un juego contra Los Padres de San Diego.

Albert se había convertido en una superestrella del béisbol.

escribía sobre ellos en los periódicos. Ahora Pujols no solo era un excelente bateador . . . ¡era una de las grandes superestrellas del béisbol!

Otra Buena Temporada

Su 2003 empezó bajo el escrutinio de muchos admiradores: ¿Podría llevar a Los Cardenales a la cima? ¿Podría jugar aun mejor? Era uno de los mejores del equipo y jugaban muy bien juntos. Todos esperaban tener una gran temporada.

Lamentablemente, el desempeño de los lanzadores no fue muy remarcable. Los Cardenales no pudieron ganar, ni siquiera entraron a la post-temporada.

A pesar de la falta de éxito del equipo, Pujols jugó bastante bien, a pesar de una lesión en su codo que le molestó la mayoría del año y por la cual muchos pensaron que no lo lograría; pensaron que no podría hacer sus típicos bateos. Pero el dolor no lo detuvo de lograr un gran año: anotó 43 jonrones, 51 dobles y 124 carreras impulsadas. Aunque su año en el bate fue muy bueno, no se le permitió hacer saques largos; su codo necesitaba tiempo para sanar.

Este había sido otro buen año con Los Cardenales y aunque el equipo no lo hizo tan bien como él hubiera querido, fue un buen año para el bateador quien probó ser un sorprendente jugador y uno de los líderes de San Luis.

Albert se había convertido en estrella. Hablaban de él en televisión y revistas—y en su tierra natal era todo un ícono. Aunque había nacido en los Estados Unidos, mostró a muchos chicos dominicanos que ellos podían lograr sus sueños. ¡Los fanáticos del béisbol quisqueyanos estaban encantados con la nueva estrella del béisbol de las Grandes Ligas!

Albert mostró a los niños de la República Dominicana que los sueños se hacen realidad.

Capítulo 4

Convirtiéndose en Campeón

En 2004 muchos no parecían pensar que Los Cardenales lo habían hecho muy bien. Algunos decían que el lanzamiento del equipo también los dañaría esta vez, así que trajeron nuevos lanzadores para iniciar temporada. Pero el bateo seguía siendo fuerte para el equipo. . . ¡Albert ayudó mucho con eso!

Albert golpea un jonrón.

San Luis ganó 105 juegos esa temporada y el equipo solo perdió 57 partidos; ganaron la División Central por 13 juegos. El lanzamiento del equipo estaba mejorando. Pujols jugó bastante bien; su pierna estaba lastimada al comienzo de la temporada, pero aun así, anotó 22 jonrones antes del Juego de Las Estrellas del verano.

Su pierna mejoró al igual que su juego; Pujols terminó la temporada regular con 46 jonrones, lo máximo que había logrado hasta ahora. ¡Lo sorprendente es que Pujols tuvo también 84 carreras—la puntuación más alta en toda la historia del béisbol!

Una Excelente Post-Temporada

Los Cardenales entraron a la temporada de invierno más que listos. Deseaban ganar la Serie Mundial por primera vez desde 1982. En la Serie de Divisiones, le ganaron a Los Ángeles en los dos primeros juegos por cinco carreras. Los Dodgers ganaron el tercer partido pero no era suficiente para ganar las series, y Los Cardenales volvieron en el cuarto partido para ganar. Albert anotó un jonrón de tres carreras que puso a San Luis adelante . . . ¡Ahora Los Ángeles nunca pudieron alcanzarlos!

En la serie del Campeonato de la Liga Nacional, Los Cardenales enfrentaron a Los Astros de Houston, donde ganaron de nuevo por dos juegos. Aunque perderían en los siguientes tres partidos . . . ¡para el sexto juego derrotaron a Los Astros!

En la mayoría del séptimo partido, el puntaje estaba bastante parejo. Pujols tuvo un buen lance en la sexta entrada y San Luis salió adelante; al final ganaron 5–2 . . . ¡se iban a la Serie Mundial! Sería la primera vez para el dominicano—¡pero no la última!

Los Cardenales enfrentaron a los Medias Rojas de Boston en la Serie Mundial, en la cual Pujols anotó 5 jonrones y 11 carreras impulsadas, y fue elegido MVP (Jugador Más Valioso). San Luis tuvo un año sorprendente, pero todo terminó en la Serie Mundial, cuando el equipo perdió duramente frente a Boston en cuyo partido. Aunque Albert jugó bastante bien, no pudo anotar ni un jonrón ni carreras impulsadas.

Los otros bateadores del equipo tampoco lo hicieron muy bien; fue una Serie difícil para San Luis. Habían tenido un muy buen año . . . pero no pudieron mantener su racha ganadora en la Serie Mundial. Perdieron ante Los Medias Rojas. Albert lo había hecho bastante bien pero aun no lograba su meta de ganar la Serie Mundial. . . .

¡Pero pronto lo lograría!

Albert incluso tuvo la oportunidad de jugar con Barack Obama, el Presidente de los Estados Unidos.

Otro Año sin Campeonato

En 2005, Los Cardenales estaban en la cima de su división otra vez. Albert tuvo una gran temporada, anotando 129 jonrones y 41 carreras. Cuando el equipo enfrentó a Los Padres en la Serie de la División de la Liga Nacional, ganaron con buena distancia. Pujols tuvo 10 carreras impulsadas en tres partidos de la serie—y San Luis ganó todos los tres juegos.

En la Serie de Campeonato de la Liga Nacional, San Luis enfrentó a Los Astros de Houston, quienes tenían un buen lanzamiento. San Luis no pudo vencerlos en los primeros tres juegos; para el cuarto partido Los Cardenales ganaron por una carrera, pero los dos siguientes fueron derrotados por Los Astros.

Pujols no llegó a la Serie Mundial del 2005, pero pronto llevaría a su equipo a la cima. Mientras tanto su familia crecía y tuvieron una hija a la que llamaron Sophia. El jugador fue reconocido MVP por la Liga Nacional. . . .

¡Muchas cosas buenas le estaban pasando!

El Éxito de San Luis

El año 2006 sería uno de los mejores para Albert. Estaba listo para ir por el campeonato, lo que realmente deseaba. Sabía que Los Cardenales tenían una oportunidad: eran fuertes y aunque

Los fanáticos de Albert se alegran cuando viene a batear.

tuvieron problemas de picheo en el pasado, sus lanzadores habían mejorado bastante. ¡San Luis estaba listo!

Cuando empezó la temporada, el dominicano anotó 14 jonrones solo en abril, y otros 25 en mayo. En junio, sin embargo, estuvo lesionado tras un movimiento fuerte, y sus admiradores pensaron que estaría inmóvil por algunos meses. Pero volvió a jugar a fin de mes.

En julio, Los Cardenales ganaron ventaja sobre el resto de la división. Muchos de sus jugadores estaban lesionados, pero los nuevos ayudaron a continuar el buen trabajo hasta llegado el otoño. La temporada terminó con San Luis punteando la división.

En la temporada regular de 2003, Pujols anotó 49 jonrones y 137 carreras sadas. Entonces, el jugador pasó a la post-temporada habiendo jugado uno de sus mejores años.

En los juegos de invierno, Los Cardenales vencieron a Los Padres en la Serie de División de la Liga Nacional. Ahora San Luis se enfrentaba a Los Mets en la Serie de Campeonato de la Liga Nacional. Nueva York no quería darle al dominicano la mínima ocasión de tocar la pelota; trataron de asegurarse que no golpeara un solo lanzamiento. La serie llegó al séptimo partido cuando Yadier Molina—el compañero de equipo y amigo de Albert—bateó el jonrón que les daría la victoria. ¡Los Cardenales iban de nuevo a la Serie Mundial!

San Luis enfrentaba a Los Tigres de Detroit—y ganaron la Serie en cinco partidos. Albert tuvo sólamente cinco carreras y sólo podía conseguir un doble y un jonrón—pero era suficiente. ¡Él y su equipo habían ganado la Serie finalmente!

Pujols había logrado lo máximo del béisbol. Había logra-

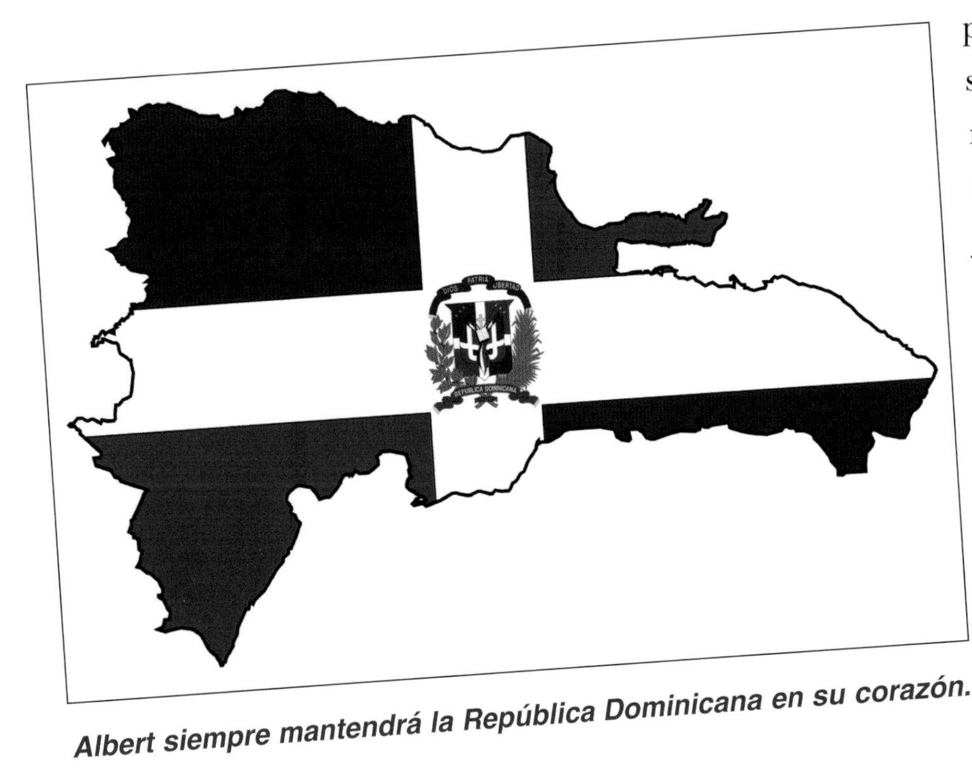

Albert siempre mantendrá la República Dominicana en su corazón.

do su sueño de jugar en las Grandes Ligas y ahora ganaba la Serie Mundial. ¡No podía estar más feliz!

Una Temporada Difícil . . . ¡Pero un Gran Año!

El año 2007 fue complicado para Los Cardenales, y fue difícil para Albert también. Al principio de la temporada, en el segundo semestre, se lesionó; los músculos de sus piernas estaban muy adoloridos y su dolor era tan fuerte que el entrenador lo mantuvo lejos del juego pesado.

Por supuesto, el bateo no le era problema: ¡anotó 32 jonrones!

En ese mismo año, se hizo ciudadano norte americano, habiendo vivido en el país desde que tenía 16 años y formado un hogar y una familia en los Estados Unidos. Pero ciertamente jamás olvidaba sus raíces quisqueyanas.

Sus valores vienen de su familia; su abuela América le enseñó sobre la fe y el amor, la amabilidad y el respeto. Hoy por hoy es ciudadano norteamericano pero su espíritu siempre será dominicano y siempre llevará su nación en el corazón.

Capítulo 5

Albert en la Cima

El año 2008 fue también bastante duro para San Luis. Los Cardenales no lo hicieron muy bien en su división. Mientras tanto Albert lo hizo bastante bien, pero estaba de nuevo lesionado. Lo que no le restó éxito alguno anotando 37 jonrones y más de 100 carreras ¡lo que nunca antes había logrado!

Pujols y su equipo no ganaron la Serie Mundial ese año, pero él ganó el premio MVP por segunda vez. Tuvo una excelente temporada aunque su equipo no lo hizo tan bién como debía ser.

El 2009 fue otro gran año para el dominicano, y en la primera semana, anotó 9 carreras impulsadas. Los Cardenales tuvieron algunos problemas, pero a mediados de verano, mejoraron

Los Cardenales celebran su victoria de la Serie Mundial 2006.

bastante, llegando a los juegos de invierno. El equipo pudo mantener su racha ganadora a pesar de que Los Dodgers los vencieran en la Serie de División de la Liga Nacional. Esta temporada terminó demasiado pronto para Albert.

Aunque San Luis perdió, esta había sido una de las mejores temporadas para el quisqueyano, quien tuvo 47 jonrones. ¡También fue nuevamente elegido MVP de la Liga Nacional!

Y 2010 fue un gran año también; anotó 2 jonrones en el partido de apertura y terminó la temporada con más de 40 jonrones. Jugó muy bien, pero no era suficiente para llevar a San Luis a los juegos de invierno de la división. Pero el siguiente año sería grandioso para Los Cardenales.

Para Albert y su esposa, sin embargo, 2010 fue bastante grandioso ¡desde que nació otro hijo para la pareja! Le llamaron Ezra.

Sigue Exitoso

En abril 2011, Pujols inició la nueva temporada con 7 jonrones y 18 carreras impulsadas. Tristemente, también tuvo 9 bateos que llevaron a doble juegos, aunque eso no impidió al manager—La Russa—***afirmar*** que el dominicano era el mejor jugador con el que hubiera trabajado jamás.

Sin embargo, en junio se lesionó de nuevo, pero esta vez la muñeca y el brazo; tuvo que dejar de jugar por 15 días. Bateó 37 jonrones en la temporada regular y logró 99 carreras impulsadas, faltando a 13 partidos en la temporada debido a su lesión en la muñeca.

Los Cardenales estaban de últimos en la división en agosto, y la mayoría de gente pensaba que no podrían llegar a los juegos de invierno. Para septiembre habían empezado a ganar más partidos, pero seguían muy atrás. Necesitaban alcanzar a Atlanta.

Luego, el último mes de la temporada, Los Cardenales empezaron bastante bien mientras Atlanta estaba perdiendo, así que Los Cardenales terminaron más adelante que Los Bravos . . . listos para ir a los juegos de invierno . . . ¡La gente se había equivocado!

Los Cardenales enfrentaron a Los Phillies de Philadelphia en la Serie de División de la Liga Nacional. En el primer partido, Los Phillies ganaron a San Luis 11–6. Entonces, Los Cardenales ganaron el siguiente juego. Los Phillies volvieron para ganar en el tercer partido, pero no fue suficiente. San Luis ganó el cuarto y el quinto—y fueron a la Serie Mundial.

Los Cardenales enfrentaron a Los Rangers de Texas en la Serie Mundial de

2011. Los Cardenales ganaron el primer partido. Entonces, en el segundo partido, los Cardenales no iban bien; incluso Pujols no estaba jugando tan bien como la gente esperaba. Algunos decían que ese partido mostraba un jugador desmejorado. Para el tercer juego, sin embargo, el dominicano demostró lo contrario—y Los Cardenales ganaron 16–7. Albert bateó 3 jonrones y logró 6 carreras impulsadas y 4 carreras. Muchos creen que su bateo en ese partido fue el mejor en la historia de las Series Mundiales.

El manager Tony La Russa afirmó que nunca había oído de alguien que jugara mejor una Serie Mundial. Albert Pujols rompió récords e hizo historia en las Series.

Para el siguiente partido, Los Rangers de Texas habían regresado y le ganaron a San Luis 4–0; y en el quinto partido, ganaron de nuevo, así que los fans pensaban que era difícil que San Luis ganara.

El sexto partido fue muy diferente, prolongándose hasta la undécima entrada. En dos ocasiones, Los Cardenales llegaron hasta el último lance, pero en ambas ocasiones, lo lograron; el equipo se estaba levantando después de estar a punto de perder. Muchos dijeron que ese había sido uno de los mejores juegos en la historia de las Series Mundiales, que en esta ocasión llegó hasta el séptimo partido. Después de un difícil sexto juego, Los Cardenales se mantuvieron fuertes y ganaron contra Texas 4–2. ¡El

Albert con su familia.

título era de nuevo para Los Cardenales! Y Albert había mostrado ser uno de los más grandes beisbolistas de todos los tiempos.

Pocos días después Los Cardenales ganaron la Serie Mundial, Tony La Russa anunció que dejaría el béisbol, habiendo sido manager por más de veinte años. Él y Pujols se hicieron muy buenos amigos, después de trabajar juntos por muchos años. ¡Tony le ayudó al dominicano a ser un mejor jugador y también ser el humano como lo es hoy!

Ayudando a Otros

El béisbol es muy importante para Albert, pero él sabe que hay mucho más en la vida que el deporte. En 2005, Albert y su esposa abrieron una fundación que les permitiría ayudar a los demás; trabajaban para ayudar a niños con síndrome de Down, enseñando a la gente sobre el tema. Igualmente, la fundación ayuda a las personas de bajos recursos. Pujols trabaja para ayudar a su tierra natal también. Junto con su esposa comparten con los demás y entienden que dar tiene mucho que ver con el éxito. En la página web de la fundación, la pareja dice: "Dios nos ha bendecido grandemente y nosotros ofrecemos nuestra gratitud a quienes nos han acompañado en nuestro caminar."

¿Porque Juega Albert?

Albert ha tenido mucho éxito en el béisbol, y no parece que esté por detenerse. Ha roto muchos récords, ha tenido años excelentes y ha sido elegido MVP tres veces.

Sus sueños se han hecho realidad, pero él sabe que es lo más importante en la vida. Aunque el béisbol le encanta, él afirma: "No juego por números. Juego dándole la gloria a Dios y por lograr lo que todos anhelan—llegar a la Serie Mundial y salir victorioso . . . esas son las cosas en las que procuro enfocarme y asegurarme de hacerlo cada día y por el resto de mi carrera."

Pujols tiene pocas cosas por encima del béisbol, pero hay tres cosas muy importantes: ¡fe, familia y el prójimo!

Descubra Más

Por Internet

Historia del Béisbol Dominicano

www.misterdeportes.com/no11/art05.htm

Kidzworldespañol

www.kidzworldespanol.com/articulo/2293-grandes-momentos-beisbol

LIDOM

www.lidom.com.do

MLB

mlb.mlb.com/es/index.jsp?c_id=mlb

En los Libros

Cruz, Hector H. *Béisbol Dominicano: Orígenes, Evolución, y Héroes.* Santo Domingo, D.R.: Alfa y Omega, 2006.

Kurlansky, Mark. *Las Estrellas Orientales: Como el Béisbol Cambio el Pueblo Dominicano de San Pedro de Macorís.* New York: Riverhead Books, 2010.

Wendel, Tim. *Lejos de Casa: Jugadores de Béisbol lations en los Estados Unidos.* Washington, D.C.: National Geographic, 2008.

Glosario

agente libre: Un jugador que al momento no tiene contrato con equipo alguno.

carreras impulsadas (RBI): Número de puntos que obtiene un bateador por lograr una anotación para su equipo.

cazatalentos: Personas a cargo de encontrar los mejores jugadores jóvenes para adherirse a los equipos para los cuales trabajan.

contrato: Un compromiso por escrito entre el jugador y el equipo en el que se registra la ganancia que devengará el beisbolista y la cuantía de tiempo.

cultura: La identidad de un grupo de gente que incluye gustos, creencias, idioma, comida, y arte.

defensa: Jugar evitando que el otro equipo anote, incluyendo las posiciones de jardín externo e interno, pitcher, y catcher.

división: Un grupo de equipos que compiten por el campeonato; en las Ligas Mayores, las Divisiones están determinadas por su ubicación geográfica.

firmar: Estar de acuerdo con lo contratado por algún equipo en particular.

gerente general: La persona a cargo de la dirección administrativa del equipo de béisbol, y quien es responsable de guiarlo.

herencia: Algo que se pasa desde las generaciones anteriores.

Juego de las Estrellas: El torneo jugado en julio entre los mejores jugadores de cada una de las dos ligas dentro de Grandes Ligas.

Ligas Mayores de Béisbol (MLB): El más alto nivel de béisbol profesional en los Estados Unidos y Canadá.

Ligas Menores: El nivel de béisbol Professional inmediatamente anterior a las Ligas Mayores.

lista de lesionados: Lista de jugadores que se han lesionado y no pueden jugar por algún período de tiempo no determinado.

negociar: Hacer un acuerdo con otro equipo para intercambiar jugadores.

novato: Jugador en su primer año dentro de las Ligas Mayores.

ofensiva: Jugar para anotar carreras estando al bate.

playoffs: Series de partidos que se juegan al final de la temporada regular para determiner quien ganará el campeonato.

profesional: Nivel de béisbol en que el jugador recibe remuneración.

promedio de bateo: Una estadística que mide la calidad del bateador, calculada al dividir el número de bateos logrados por las veces que toma el bate.

Índice